AF135969

# BEI GRIN MACHT SICH IHR WISSEN BEZAHLT

- Wir veröffentlichen Ihre Hausarbeit, Bachelor- und Masterarbeit

- Ihr eigenes eBook und Buch - weltweit in allen wichtigen Shops

- Verdienen Sie an jedem Verkauf

## Jetzt bei www.GRIN.com hochladen und kostenlos publizieren

# RFID in modernen Warenwirtschaftssystemen. Grundlagen RFID und RFID im Supermarkt

**Bibliografische Information der Deutschen Nationalbibliothek:**

Die Deutsche Nationalbibliothek verzeichnet diese Publikation in der Deutschen Nationalbibliografie; detaillierte bibliografische Daten sind im Internet über http://dnb.d-nb.de abrufbar.

ISBN: 9783346850195
Dieses Buch ist auch als E-Book erhältlich.

# Assigment

*„RFID in modernen Warenwirtschaftssystemen"*

Datum:          17.06.2022

# Inhaltsverzeichnis

# Abbildungsverzeichnis

# Abkürzungsverzeichnis

| ASK | Amplitude Shift Keying |
|---|---|
| EAS | Electronic Article Surveillance |
| EDI | Electronic Data Interchange |
| EPC | Electronic Product Code |
| GS1 | Global Standards One |
| HF | High Frequency |
| IEC | International Electrotechnical Commission |
| IHK | Industrie- und Handelskammer |
| IoT | Internet of Things |
| ISM | Industrial, Scientific and Medical |
| ISO | International Organization for Standardization |
| LF | Low Frequency |
| NFC | Near Field Communication |
| NRW | Nordrhein-Westfahlen |
| PCB | Printed Circuit Board |
| RFID | Radio Frequency Identification |
| SGTIN | Serialized Global Trade Item Number |
| UHF | Ultra-High Frequency |

# 1. Einleitung

Die RFID-Technologie ist der Schlüssel für die Digitalisierung von Objekten und Lebewesen. Heutzutage findet diese Technologie schon in vielen Bereichen Anwendung und wird zur Optimierung von Prozessen genutzt.

## 1.1 Aufgabenstellung

Mittels RFID-Technologie soll in Supermärkten die Warenwirtschaft zukünftig revolutioniert werden. Es sind Funktionsweise und die technische Umsetzung darzustellen. Zudem soll der aktuelle Stand der Technik und deren Schwachstellen aufgezeigt werden. Abschließend sollen die Zukunftsaussichten dieser Technologie bewertet werden.

## 1.2 Ziele

Basierend auf den Grundlagen und den neusten Entwicklungen soll die Umsetzbarkeit eines RFID-Systems in einem Supermarkt auf Wirtschaftlichkeit, Sicherheit und technischer Machbarkeit überprüft werden.

## 1.3 Aufbau der Arbeit

Im ersten Teil dieser Arbeit werden die Grundlagen herausgearbeitet. Dabei wird die RFID-Technik teilweise auf der Anwendung im Supermarkt näher erläutert. Der zweite Teil befasst sich mit dem aktuellen Stand der Technik. Die Arbeit schließt mit einer Bewertung auf eine mögliche zukünftige Implementierung eines RFID-Systems in Supermärkten ab.

# 2. Grundlagen RFID

RFID ist eine Technik, um Daten via Luftschnittstelle mittels Radiowellen zu übertragen. Typischerweise besteht ein RFID-System aus RFID-Lesern und RFID-Tags. Beide Komponenten werden über eine Kopplung miteinander verbunden (vgl. [1], S. 7).

## 2.1 RFID-Leser & Tags

Das Lesegerät kann je nach Anwendung und Technologie den Tag (Transponder) sowohl auslesen, beschreiben und/oder mit Energie versorgen.

Die Minimal-Ausstattung eines Transponders ist ein Mikrochip (Speicher & Prozessor) und einem Empfänger/Sender-Modul. Das Lesegerät besteht mindestens aus einer Schnittstelle mit einem weiteren System, einem Mikrochip und einem Sender/Empfänger-Modul (siehe Abbildung 1).

*Abbildung 1: Development-Board RFID-Leser mit induktiver Kopplung [Quelle: eigene Darstellung]*

Die Reichweite ist von drei wesentlichen Faktoren abhängig:

- Frequenz
- Energieversorgung & Sendeleistung
- Kopplungsmethode

**Frequenz:**

Typische verwendete Frequenzen innerhalb der Europäischen Union sind 13,56MHz(HF), 135 kHz(LF), 868 MHz(UHF) (siehe Abbildung 2).

Feste Regulationen der Bundesnetzagentur beschränken die Reichweite aufgrund der limitieren Sendeleistung. Die Nutzungsparameter innerhalb Deutschlands z.B. der Frequenzen 865 MHz – 868 MHz und 2446 MHz - 2452 MHz sind von der Bundesnetzagentur fest vorgeschrieben und sind unter dem Dokument [2] zu finden.

*Abbildung 2: Frequenzbänder RFID, Quelle [3]*

Frequenzen[1] des freigegebenen ISM-Bands sind grundsätzlich auch verwendbar, sind aber durch andere Funkanwendungen stark belastet, entsprechend ist das Störrauschen.

**Energieversorgung:**

Es gibt drei unterschiedliche Methoden der Energieversorgungen:

1. Passive Tags beziehen ihre komplette Energieversorgung über die elektromagnetische Strahlungsenergie des Lesegerätes. (vgl. [1], S. 23). Leistungsstarke Anwendungen[2] sind mit dieser Technik nicht möglich.

2. Semi aktive Tags haben diesen Nachteil ausgemerzt. Die Logiksteuerung wird über eine interne Spannungsquelle betrieben. Komplexere Anwendungen sind somit möglich. Mittels dieser internen Spannungsquelle sind auch deutlich erhöhte Reichweiten (bis zu 100m – Backscatter-Kopplung) möglich, da keine Energie mehr für die Ablaufsteuerung notwendig ist. Durch rechtzeitiges Umschalten des RFID-Mikrochips beim Verlassen des Lesegeräteradius in den Sleep-Modus lassen sich auch sehr lange Laufzeiten realisieren.

3. Aktive Tags sind im übertragenen Sinne keine RFID-Systeme mehr, sondern sind im Bereich der Telemetrie angesiedelt. Diese erreichen nochmals eine vielfache Reichweite der semi aktiven Tags.

---

[1]Recherche auf Mouser.de (Mai 2022) ergab bei RFID-Chips mit Übertragungsfrequenzen von 10Hz bis 960MHz

[2] Sprich die Verwendung von leistungsintensiven Mikroprozessoren (Datenverarbeitung).

4

## Kopplungsmethoden:

Die Kopplungsmethode ist der größte Faktor der Kommunikationsreichweite. Hierbei wird über das physikalische Übertragungsmedium entschieden. Es gibt die elektrostatische, die magnetische und die elektromagnetische Übertragung.

Die elektrostatische Kopplung erfolgt über zwei parallel gekoppelte Metallflächen, die eine Kapazität bilden. Diese beiden Kapazitäten bilden damit die frequenzabhängige Komponente zur Kommunikation (vgl. [1], S. 55). Aufgrund der geringen Reichweite des elektrischen Feldes wird das System nur im Close-coupling (unter 1cm) verwendet.

Die magnetische Kopplung folgt dem Prinzip eines Transformators. Über ein magnetisches Feld sind die Induktivitäten des Lesegerätes und des Transponders miteinander gekoppelt. Durch das magnetische Wechselfeld können schon größere Distanzen überbrückt werden. Hierbei kommen vor allem Signale im HF-Bereich zum Einsatz. Diese Variante ist am RFID-Tag leicht am physikalischen Aufbau zu erkennen (siehe Abbildung 3).

Anm. der Red.: Diese Abb. wurden aus urheberrechtlichen Gründen entfernt.

*Abbildung 3:     PCB Variante eines RFID-Tags          Chipkarten Variante eines RFID- Tags*
*Quelle [4]                                    Quelle [Bild5]*

Die Induktivität ist häufig schon auf einer PCB oder direkt in einer Folie integriert. Sowohl Spulenanfang als auch Spulenende sind mit dem Mikrochip verbunden.

Bei der elektromagnetischen Kopplung auch Backscatter-Kopplung genannt, werden die Signale über eine Dipol-Antenne ein- bzw. ausgekoppelt. Wie bei den anderen Methoden lässt sich auch hier Energie übertragen. Dennoch deutlich schlechter, da bei dieser Methode eine höhere Distanz überbrückt werden kann und somit die Freiraumdämpfung deutlich stärker ausfällt. Aufgrund der Tatsache, dass die Strahlungsdichte(S) mit der Entfernung(r) quadratisch abnimmt, (P$_s$ entspricht der Sendeleistung)

$$S = \frac{P_S}{4 \cdot \pi \cdot r^2}$$

werden hier gerne semi aktive oder aktive Tags verwendet, um die Kommunikationsreichweite signifikant zu erhöhen. Auch hier ist die Unterscheidung aufgrund der Dipolantenne zu anderen Methoden im physikalischen Aufbau erkennbar (siehe Abbildung 4).

Anm. der Red.: Diese Abb. wurde aus urheberrechtlichen Gründen entfernt.

*Abbildung 4: PCB Variante eines RFID-Tags mit Dipolantenne, Quelle [5]*

## 2.2 Codierung & Modulierung

Um digitale Signale übertragen zu können, wird es einem analogen Signal auf moduliert. Je nach Anwendung müssen Codierung und Modulation aufeinander abgestimmt sein, da es z.B. bei einer Non Return to Zero-Codierung und einer Datenübertragung mit aufeinanderfolgenden LOW-Signalen bei der ASK-Modulation zu einer Funkstille führt. Diese Funkstille sorgt dafür, dass es zur Energieunterbrechung[3] kommt und die Versorgungeinspeisung für das RFID-Tag unterbrochen wird (vgl. [6]).

---

[3]Die Kapazität des Stützkondensators eines RFID-Tags reicht nicht aus, um eine solche Energielücken für den Mikrochip (dauerhaft) zu kompensieren.

## 2.3    Mehrfachzugriff

Für ein Zugriff auf mehrere RFID-Tags auf beengten Raum[4] ist es gängige Praxis sich auf ein kostengünstiges Zeitmultiplexverfahren zu berufen. Andere Methoden wie Frequenz- oder Raummultiplexverfahren sind nur auf wenige Spezialanwendungen beschränkt, da sie technisch schwer umsetzbar sind (vgl. [1], S.218).

## 2.4    Datenbank & Speicherkapazität

Je nach Anwendung gibt es unterschiedliche Speicherkapazitäten des RFID-Transponders. Die 1-Bit-Systeme können dabei nur auf Vorhandensein oder nicht Vorhandensein prüfen. Diese Systeme[5] findet man in der Warensicherung (EAS) und werden mit verschiedenen Technologien realisiert (vgl. [1], S.32-42).

Mehr-Bit-Systeme haben aktuell im kommerziellen Gebrauch einige Kilobyte[6] persistente Speicherkapazität. Bei Ware aus dem Supermarkt werden im Speicher des RFID-Tags typischerweise Informationen wie Hersteller, Produktionsdatum, Verfallsdatum, die SGITN oder GTIN, hinterlegt.

Der Hauptgrund um Daten vom RFID-Mikrochip zu dezentralisieren ist es, dass der Speicher[7] nicht unendlich groß ist. Weitergehende Informationen können dabei einfach auf eine Datenbank hinterlegt werden und beim Aufruf des RFID-Tags mittels einer Applikation mit aufgerufen werden.

### 2.4.1    Internet of Things

In einem IoT-System bildet die RFID-Technologie ein wichtiges Fundamentbaustein und dient einem solchen System als Sensorik[8], um Daten zu erfassen. Aufbauende Strukturen wie Netzwerke, Datenbanken und Applikationen vervollständigen ein IoT-System (vgl. [7], S. 5-6]).

---

[4] Wie es im Warenkorb oder einer Warenlieferung üblich ist.

[5] Beruhen auf sehr einfache elektronische Schaltungen wie z.B. Schwingkreise und benötigen wie oben beschrieben kein Mikrochip.

[6] Recherche auf reichelt.de (Mai 2022) ergab eine Speicherkapazität von 64kByte.

[7] Aus Kostengründen ist es auch nicht weiter sinnvoll diese lokale Speicherkapazität weiter zu erhöhen.

[8] im IoT-Referenzmodell auf der untersten Eben der Perception-Ebene zu finden.

## 2.5 Normen

Da RFID-Technologien in unterschiedlichen Einsatzgebieten zur Anwendung kommen, werden diese Technologien in Normen geregelt (vgl. [1], S.455-458)

Speziell in der Warenwirtschaft ist die ISO/IEC 18000 – Norm von Relevanz. Diese Norm wird in sechs Teilen für jeweils unterschiedliche Frequenzen beschrieben. Der Teil 18000-6 beschreibt die Luftschnittstelle mit dem Frequenzband von 868MHz bis 960MHz und ist aufgrund ihrer Reichweite für ein Warenwirtschaftssystem von besonderem Interesse. Die dezentrale Speicherung von Daten und die Kommunikation vom Hostsystem bis zum RFID-Lesegerät wird in der Norm ISO/IEC 15961 spezifiziert (vgl. [1], S.302-303).

Die Organisation GS1 hat im internationalen Verbund Standards für Handelsketten definiert:

. *„Die GS1 Standards für den* Informationsaustausch *ermöglichen den Austausch von Daten mit Handelspartnern und Verbrauchern.“* [8]

Ein Standard spezifiziert dabei die EAN/UCC-Barcodes. Diese bilden dabei die Grundlage für den EPC (SGTIN kodiert) (vgl. [1], S.313).

Ganze informationstechnische Lösungen und Standards zur Überwachung der Lieferketten werden dabei von der EPCglobal Network koordiniert [9]. Mit Hilfe von Normen des EPCglobal GS1 Standard lässt sich so die Ware vom Erzeuger bis zum Verkauf mittels RFID verfolgen.

## 2.6 Implementierung der RFID-Technologie

Hauptsächlich lässt sich die Einführung von RFID-Technologie in einem Unternehmen auf ökonomische Einsparungen zurückführen. Die Investitionen und die laufenden Kosten müssen dabei die eingesparten Kosten decken. Erfolgreich durchgeführte Projekte durch die Einführung von RFID/EPC und einer IT-Struktur gemäß GS1-Standards wurden ausführlich in Berichten von PROZEUS dargelegt [10].

Sei es mit einfachen 1-Bit-System zur Warensicherung, Transponder mit Sensorsystemen zur Qualitätssicherung z.B. von Kühlketten, Transponder zur Digitalisierung von Ware in einem Datennetzwerk zur Rückverfolgbarkeit und automatischen Inventarisierung, eine Pulkerfassung im Wareneingang oder das kassenlose Bezahlen mittels Schranken, all diese technischen Methoden bringen sowohl Chancen als auch Risiken. Diese Chancen und Risiken werden im nächsten Kapitel im Detail beschrieben.

## 3. RFID im Supermarkt

### 3.1 Stand der Technik

Flächendeckend hat sich die RFID-Technologie kommerziell nur in dem Bereich der Warensicherung (mittels EAS) und der kontaktlosen Bezahlung (mittels Chipkarten) durchgesetzt. Vor allem werden Waren gesichert, die dem höheren Preissegment angehören [11]. Auch kann mit der RFID-Technologie Produktpiraterie vorgebeugt werden [12].

Die Überwachung von Kühlketten mittels einem integriertem Temperatorsensor und einem A/D-Wandler (vgl. [1], S.349) von temperaturempfindlichen Lebensmitteln wurde bereits im METRO Future Store erfolgreich umgesetzt. Hierbei fungiert die Kühltruhe zusätzlich RFID-Lesegerät und dient damit auch gleichzeitig als smarte Lösung zur Mindesthaltbarkeits-Überwachung. [13]. Hier ist der kommerzielle Gebrauch in Supermärkten noch nicht angekommen.

Die Pulkerfassung[9] hat sich in der Logistik schon durchsetzen können [14] Dieses Verfahren lässt sich auch 1:1 auf Einkaufswägen der Kunden umsetzen, um alle eingekauften Artikel auf einmal erfassen zu können.

Andere Anwendungsfelder wie die Übermittlung mittels NFC-Technologie von Produktinformationen auf das Smartphone für den Endverbraucher sind zwar technisch umsetzbar, allerdings noch nicht verbreitet. Die Firma CapTag® bietet eine solche Lösung für alkoholische Getränke, Kosmetik, Motoröle, Fleisch und Käse an [15].

### 3.2 Vorteile

#### 3.2.1 Pulkerfassung

Das einfache Erfassen von mehreren Artikeln ermöglicht gegenüber dem einzelnen Abscannen von Barcodes eine deutliche Zeitersparnis beim Abkassieren der Ware.

---

[9]Die Pulkerfassung ist ein Mehrfachzugriffs-Verfahren, um mehre RFID-Tags zu erfassen

Entscheidend ist die 100% Zuverlässigkeit einer solchen Erfassung sowohl beim Abkassieren als auch im Wareneingang, um unbeabsichtigten Diebstahl und Inventurfehler zu vermeiden.

### 3.2.2   Tracking des Kunden

Durch Einführung einer passenden RFID-Lösung wäre es möglich auch das Kundenverhalten besser zu analysieren und aus diesen Erkenntnissen eine bessere Produktplatzierung zu realisieren, Laufwege zu verkürzen bzw. zu verlängern, um weiteren Konsum anzuregen oder aber auch wie spezielle Ereignisse wie z.B. die Coronamaßnahmenpolitik oder der Ukrainekrieg auf das Einkaufsverhalten der Kunden schneller zu analysieren und darauf zu reagieren [16]. Solche Verhaltens- und Bewegungsprofile stehen dem Datenschutzrecht gegenüber und sind nur mit Zustimmung des Kunden zu realisieren (siehe Kapitel 3.3.1).

### 3.2.3   Reduzierung von Lebensmittelverschwendung

Ein weiterer Vorteil der RFID-Technologie ist die Überwachung von Lebensmitteln. Durch eine Echtzeitüberwachung werden deutlich weniger Lebensmittel aufgrund der Haltbarkeit verschwendet, da die nächste Lebensmittellieferung effizienter und effektiver an den Lagerbestand angepasst werden kann [17].

### 3.2.4   Einsparungen von Personalkosten

Automatisiertes Abkassieren oder Nachbestellen bringt natürlich auch den Vorteil mit sich, dass Personal und somit Kosten eingespart werden können. Das Konzept des Emmas Tag & Nacht Marktes (siehe [18]) beruht auf ein solches minimalistisches Personal-Konzept. Dabei wird nur noch Personal für das Einsortieren von Ware benötigt und es bringt zwei weitere Vorteile mit sich. Es kann an entlegenen Standorten platziert werden, wo sich Vollzeit-Personal finanziell nicht lohnt und eine ganztägige Marktöffnung.

## 3.3   Nachteile

### 3.3.1   Datenschutzrechtliche Bedenken

Jegliche Übertragung mittels einer Luftschnittstelle ist grundsätzlich für jede Person frei zugänglich, sowie auch bei der RFID-Technologie. Insbesondere sind die personenbezogenen Daten der Kunden vertraulich und sind von Lese- oder gar Manipulationsangriffen gegenüber Dritten zu schützen. Daten sollten nicht nur aufgrund der begrenzten Speicherkapazität der Tags sondern auch wegen der erhöhten Datensicherheit auf IT-Systemen abgespeichert werden.

Auch das Auslesen von getaggter eingekaufter Ware eines Kunden erleichtert eine personenbezogene Ausspionierung des Einkaufsverhaltens. Ein Deaktivieren der Tags an der Kasse bringt den Nachteil mit sich, dass z.b. Artikelinformationen später vom Kunden mittels RFID/NFC nicht mehr ausgelesen werden können. Die Möglichkeit per App und einer Datenbank, um den Kunden über Rückläufer (z.B. bei Salmonellen) zu informieren, kann mit diesem Umweg erhalten bleiben [19].

### 3.3.2 Kosten

Ein weiterer nachteiliger Aspekt sind die jeweiligen Kosten der Tags auf den Artikeln. Je nach Komplexität des Gesamtsystems kommen weitere Kosten zur Implementierung der RFID-Technologie hinzu: Lesegerät, Netzwerktechnik und Serverkapazitäten.

Außerdem kommen die laufenden Kosten, die ein solches System verursacht wie; Stromversorgung, geschulte Mitarbeiter ggf. Weiterbildungen und Personal für die IT-Infrastruktur.

Das Hauptargument, das gegen eine Implementierung solcher Gesamtsysteme spricht, sind für viele Einzelhändler der Faktor Kosten. Lohnenswert wird eine solche Implementierung für den kommerziellen Gebrauch erst, wenn sich die Kosten durch die Einsparungen gedeckt bzw. Gewinne erzielt werden [11].

### 3.3.3 Entsorgung der RFID-Tags

Einige Verbraucher, denen grüne Themen wie Nachhaltigkeit besonders wichtig sind, kann das Anbringen von Einweg-RFID-Tags an bestimmten Artikeln zu negativen ökonomischen Folgen für den Hersteller und Supermarkt führen.

Ein innovatives Recyclen von RFID-Tags führt zu weniger Plastik- und Elektronikmüll. Zudem lässt sich dadurch auch der Kostenfaktor von immer wieder neu eingekauften RFID-Tags reduzieren.

Eine andere Methode wäre es, die Elektronik aus anderen abbaubaren Materialien herzustellen [20].

### 3.3.4 Physikalische Einschränkungen

Die aktuelle Funktechnologie basierend auf elektromagnetische Wellen haben physikalische Grenzen und entsprechende Einschränkungen. Dazu gehören ungewollte Abschirmeffekte[10] und Interferenzen[11].

---

[10] z.B. durch typische Supermarktartikel wie Getränke, Topfschwämme aus Metall etc.

[11] Bei der destruktiven Interferenz kommt es zur Auslöschung der Signale, bei der konstruktiven Interferenz kommt es zum Überlagen von Signalen und somit wird ggf. ein Tag vom Lesegeräte „überlesen".

Typischerweise kommen solche Phänomene oft bei der Pulkerfassung vor.

Aufgrund des stetigen Wachstums von Informationsmengen und die damit bedingten hohen[12] Übertragungsfrequenzen der Informationen ist es wegen Einbußen beim Übertragungsradius und der Durchdringung von Materialien nicht sinnvoll die Übertragungsfrequenzen der RFID-Technologie weiter zu steigern. Aktuelle Lösungen umgehen das Problem, in dem weiterführende Informationen über eine Datenbank zur Verfügung gestellt werden.

### 3.3.5 Rationalisierung Arbeitsplatz

Wie oben bereits niedergefasst, lassen sich die Personalkosten reduzieren, dies hat wiederum auch Nachteile.

Die RFID-Technologie wird im Rahmen der Digitalisierung und Industrie 4.0 [21] viele Arbeitsplätze im Supermarkt kosten. Sei es die einfache Einzelhandelskauffrau an der Kasse oder der Inventurzähler. Diese einfachen Tätigkeiten können schon heutige Technologien ersetzen [22]. Die digitale Transformation führt durch die automatisierten Prozesse zwangsläufig zum Arbeitsplatzabbau. In Zukunft bedarf es nicht nur weniger Personal, sondern auch technisch qualifizierteres Personal.

Entsprechende Fördermittel der IHK-NRW fördern diese Transformation nicht nur mit Hardware und Software sondern auch mit Weiterbildungsmaßnahmen [23].

# 4. Zukunft

Die stetige Reduzierung der Produktionskosten[13] von RFID-Tags lässt die RFID-Technologie immer mehr Einzug in den Supermarkthandel erhalten. Vor allem durch die Weitertentwicklung und die effizientere Produktion von Leiterplattentechnologien & Halbleitertechnologien bringen eine deutliche Kostenreduzierung. Eine Miniaturisierung der Halbleiter (RFID-Mikrochips) ist aufgrund der analogen Kopplungstechnologien nicht weiter sinnvoll. Innovationen in den Kopplungskomponenten und -methoden könnten die RFID-Tags in den aktuellen Formatgrößen noch weiter schrumpfen lassen.

---

[12] Je kleiner die Wellenlänge desto größer die Abschattung (Durchdringen von Materialien).

[13] Aufgrund der aktuellen Situation bleibt dies aller Wahrscheinlichkeit speziell wegen des Halbleitermangels eine Reduzierung in nächster Zeit aus [26].

12

Das Fraunhofer-Institut entwickelte vor Kurzem weitere Fertigungsmethoden, um Schaltplan-Strukturen mittels additiven Druckverfahren weiter zu miniaturisieren [24]. Auch kombinierbare Technologien und deren Integration in die RFID-Technologie wie die Sensorik aus intelligenten Verpackungssystemen könnten bei einer Kostenreduzierung Einzug in den Supermarkt erhalten [25].

Das aktuelle Verfahren an der Selbstbedienungskasse könnte mittelfristig durch eine Pulkerfassung von RFID-Tags abgelöst werden. Dadurch spart der Kunde deutlich mehr Zeit. Das Gleiche gilt für die Erfassung der gelieferten Ware im Wareneingang eines Supermarktes.

Ob und wie sich Technologien des RFIDs durchsetzen, hängt maßgeblich aber am Supermarkt-Kunden selbst. Ein Frische-Indikator, der für die Kundschaft[14] einsehbar ist, bringt eventuell mehr negative Effekte in der Lebensmittelverschwendung als positive Effekte. Des Weiteren sind solche technologischen Transformationen in der Lebensmittelgrundversorgung immer unter Berücksichtigung der demographischen Struktur eines Landes zu betrachten. Eine ältere Bevölkerung[15] bedarf verstärkt beim Übergang hybride Einkaufsmöglichkeiten und Einweisungen durch das Personal.

[14] Gerne greifen Supermarktkunden zum Produkt, dass eine längere Haltbarkeit auf dem Etikett aufweist.

[15] Die einen Großteil in demographischen Strukturen, wie sie in Deutschland vorherrschen, ausmachen.

# Literaturverzeichnis

[1] Finkenzeller Klaus: RFID-Handbuch, 4., aktualisierte und erweitere Auflage, München Wien 2006

[2] https://www.bundesnetzagentur.de/SharedDocs/Downloads/DE/Sachgebiete/Telekomm unikation/Unternehmen_Institutionen/Frequenzen/Allgemeinzuteilungen/SonstigeFunka nwendungen/2018_04_RFID_pdf.pdf?__blob=publicationFile&v=5 (Zugriff am 05.05.2022)

[3] https://kompendium.infotip.de/rfid.html (Zugriff am 30.04.2022)

[4] https://www.lux-ident.com/de/produkte/pcb-tags/ (Zugriff am 08.05.2022)

[5] https://rfid-finder.com/rfid-auto-id-technologie/rfid-transponder/ (Zugriff am 02.05.2022)

[6] http://tutorials.boecker-systemelektronik.de/Grundlagen_HF-Technik/GHF_6.html (Zugriff am 03.05.2022)

[7] Kaufmann T., Servatius H-G.: Das Internet der Dinge und Künstliche Intelligenz als Game Changer, Wiesbaden 2020

[8] https://www.gs1-germany.de/gs1-standards/ (Zugriff am 21.05.2022)

[9] https://www.gs1-germany.de/gs1-standards/datenaustausch/epcis/ (Zugriff am 21.05.2022)

[10] https://www.gs1-germany.de/gs1-standards/barcodesrfid/epcrfid/ (Zugriff am 21.05.2022)

[11] https://checkpointsystems.com/de/blog/2022/01/14/lebensmittelhandel-und-ladendiebstahl/ (Zugriff am 14.05.2022)

[12] https://www.ident.de/news/tesa-scribos-moderne-technologien-gegen-produktpiraterie (Zugriff am 15.05.2022)

[13] http://www.digitalestadtduesseldorf.de/metro-future-store/ (Zugriff am 10.05.2022)

[14] https://www.it-production.com/allgemein/pulk-lesen-von-rfid-transpondernschnelle-identifikation-im-warenpulk/ (Zugriff am 10.05.2022)

[15] https://captag.solutions/captag-technology (Zugriff am 12.05.2022)

[16] https://www.a1.digital/blog/smarter-handel-smartes-einkaufen/ (Zugriff am 12.05.2022)

[17] https://www.detego.com/retail_insights_de/retail-de/ist-rfid-endlich-bereit-sich-der-lebensmittelindustrie-zu-stellen/ (Zugriff am 30.04.2022)

[18] https://www.tagundnachtmarkt.de/ (Zugriff am 07.05.2022)

[19]

https://www.bfdi.bund.de/SharedDocs/Downloads/DE/Flyer/RFIDFunkchipsFuerJedeGe legenheit.pdf?__blob=publicationFile&v=3 (Zugriff am 21.05.2022)

[20] https://www.wissenschaft.de/technik-digitales/gefluegelte-mikrochips-entwickelt/

[21] https://www.clevis.de/ratgeber/digitalisierung-der-arbeitswelt/ (Zugriff am 22.05.2022)

[22] https://www.welt.de/finanzen/article205947341/Einzelhandel-Die-mobile-Kasse-kommt-Chip-Technologie-Bezahlen-ohne-Kasse-aber-mit-schlauer-Matte.html (Zugriff am 21.05.2022)

[23] https://www.ihk-bildungsinstitut.de/AxCMSweb_Bildungsinstitut/Foerderung_fuer_den_Digitalen_Handel _.AxCMS (Zugriff am 07.05.2022)

[24]

https://www.ikts.fraunhofer.de/de/abteilungen/elektronik_mikrosystem_biomedizintechni k/hybride_mikrosysteme/mikrosysteme_ltcc_htcc/applikation_3d-mikrosysteme_ltcc_htcc/maskenlose_additive_druckverfahren.html (Zugriff am 22.05.2022)

[25]

https://www.verbraucherzentrale.de/wissen/lebensmittel/lebensmittelproduktion/intellige nte-verpackungen-das-sollten-sie-wissen-7065 (Zugriff am 27.05.2022)

[26] https://www.automobil-industrie.vogel.de/studie-sieht-halbleitermangel-bis-nach-2023-a-1084037/ (Zugriff am 22.05.2022)